DISCOURS

PRONONCÉ PAR

M. CORDIER

DÉPUTÉ DE MEURTHE-ET-MOSELLE

Au Banquet du Comice agricole de Thiaucourt

Le 11 septembre 1887

———

NANCY

IMPRIMERIE PAUL SORDOILLET

51, Rue Saint-Dizier, 51

—

1887

DISCOURS DE M. CORDIER

DÉPUTÉ

Au banquet du Comice agricole de Thiaucourt

....

Je remercie l'honorable M. Rollet des paroles vraiment trop gracieuses qu'il a bien voulu m'adresser ainsi qu'à la députation de Meurthe-et-Moselle. Comme on vient de le rappeler, Messieurs, nous avons rempli, dans la mesure de nos forces, la tâche que nous nous étions imposée, d'accord avec vous.

L'an dernier, à la fête du comice agricole qui avait lieu dans le canton de Colombey, je vous disais que le droit de trois francs déjà voté à cette époque, sur les blés étrangers, était une première et légitime satisfaction donnée aux populations rurales si laborieuses et si éprouvées, un premier pas fait dans le sens de la protection de notre travail national, protection rendue nécessaire par les circonstances, par la crise prolongée dont souffre notre pays et par la situation économique générale de l'Europe et du monde entier.

J'ajoutais que nous ferions tous nos efforts pour poursuivre l'œuvre commencée, pour réagir contre des doctrines qui ont leur part de vérité assurément, mais qui deviennent fausses, dangereuses, lorsqu'on en veut faire des dogmes absolus et immuables.

Cette promesse, nous l'avons fidèlement tenue. Nous avons eu à soutenir une lutte longue, difficile, contre les théoriciens fanatiques du Libre-échange. Nous ne nous sommes laissés ni troubler ni émouvoir par les épithètes, fort dures quelquefois, dont nos adversaires se plaisaient à nous accabler, nous dénonçant aux ouvriers comme « les affameurs du peuple. » Nous avons voté le relèvement des taxes sur les céréales importées en France ; nous avons frappé les blés étrangers d'un droit de 5 francs, et personne n'a été affamé. (*Rires approbatifs et applaudissements.*)

Au surplus, dans ce conflit du Libre-échange et de la Protection, je me sens fort à l'aise. J'ai toujours déclaré, pour ma part, que doctrinalement, je n'étais ni libre-échangiste ni protectionniste. Je n'ai jamais compris qu'on s'échauffât si fort pour des théories, que nos savants économistes considèrent, il est vrai, comme choses sacro-saintes, mais que les faits contredisent tour à tour suivant les temps, les pays, et les variations incessantes de la production et de la consommation dans toutes les parties du monde. J'estime, qu'en matière économique, le seul *criterium* de la vérité c'est l'intérêt ; c'est-à-dire que, pour un peuple, le Libre-échange est vrai, quand ce peuple a intérêt à être libre-échangiste ; et que du jour où il a intérêt à être protectionniste, c'est la Protection qui devient pour lui la doctrine véritable et raisonnable. *(Applaudissements.)*

Cela est tellement certain, Messieurs, que toutes les nations pratiques, celles qui ne s'égarent point, comme nous trop souvent, dans les abstractions et les quintessences, mais saven[t] régler leurs actes d'après la réalité des choses, n'ont jamais varié d'opinion à cet égard[.]

La grande République Américaine n'a pas hésité à se faire protectionniste à outrance, parce qu'il s'agissait pour elle, de créer son outillage agricole et industriel à l'abri de cette protection ; en d'autres termes d'assurer et de garantir son travail national. Elle n'aurai[t] jamais pu arriver à ce résultat si elle s'étai[t] laissée envahir tout d'abord par les produits des autres pays, plus vieux qu'elle, et par con[sé]séquent puissamment outillés avant elle. Ell[e] serait demeurée toujours tributaire de l'Europe, et un grand peuple qui reste tributair[e] de ses voisins pour toutes les choses indis[pensables] pensables à sa vie, ne jouit pas de sa légitime et nécessaire indépendance. *(Très-bien.*[)]

L'Angleterre au contraire, nation essentiellement productrice, au point de vue surtout d[e] l'industrie et des manufactures, est libre échangiste. Pourquoi ? — Parce que fabriquan[t] beaucoup, elle a le plus grand intérêt à inon[der] der le monde de ses produits. Elle est libre échangiste pour les objets à l'encontre desquels elle ne redoute aucune concurrence e[t] elle prêche pour qu'on les reçoive partout e[n] franchise.

Mais elle ne se pique point de sacrifier son
ntérêt à ses principes et elle a bien raison.
t voilà pourquoi depuis plusieurs années,
yant vu l'élevage de son bétail compromis,
ans une certaine mesure, par l'importation
e nos bestiaux français, elle a su trouver des
étérinaires complaisants qui arrêtent à sa
rontière nos bœufs de Normandie sous pré-
exte qu'ils sont malades, quand tout le monde
ait qu'ils se portent à merveille. C'est ainsi
ue la libre-échangiste Angleterre fait de la
rotection à son profit, en se donnant l'appa-
ence de recourir à de simples mesures sani-
aires. *(Rires et applaudissements.)*

Assurément, Messieurs, la meilleure garan-
ie du salut de notre agriculture, se trouve
ans l'effort, dans l'initiative de nos popula-
ions rurales. Pour maîtriser la crise dont nous
ouffrons, il faut avant tout nous persuader
ue l'agriculture est devenue une véritable
cience expérimentale, dont les secrets doi-
ent être de plus en plus vulgarisés. C'est par
e nouvelles méthodes de culture que nos
griculteurs arriveront à faire produire, à un
nême hectare de terrain, plus de blé, plus
l'avoine, plus de pommes de terre et c'est
insi seulement qu'ils trouveront la solution
raie du problème qu'ils ont à résoudre, à sa-
oir : faire rendre à la terre un produit dont
e prix soit largement supérieur au prix de
evient.

Mais ce travail, cette initiative, ces efforts
onstants pour avancer dans la voie du pro-
rès, vous en donnez chaque jour de précieux

témoignages. Je n'en veux pour preuve que ce qui a été fait cette année dans votre vigno-ble de Thiaucourt. Depuis longtemps, il était ravagé par les gelées printanières. Eh ! bien les viticulteurs se sont syndiqués pour appliquer, sur tout le territoire de la commune, la méthode de protection la plus efficace contre ces gelées meurtrières ; je veux parler des nuages artificiels. Vous avez réussi à sauver vos vignes d'un fléau redoutable et la superbe récolte qui se prépare aujourd'hui est la juste récompense de vos labeurs, de votre énergie, la preuve palpable du service rendu à cette contrée par les hommes intelligents et actifs qui ont su mener à bien une entreprise si favorable à l'intérêt public. *(Applaudissements.)*

Seulement, l'initiative individuelle ne suffit pas à tout, dans un moment de crise comme celui où nous sommes. Et les Pouvoirs publics ont le devoir de seconder, dans la limite du possible, les bonnes volontés de chacun. Lorsque toutes les nations voisines établissent chez elles une législation de protection économique, ce serait un métier de dupe pour la France, de persévérer quand même, dans les errements d'un Libre-échange trompeur, dont tout l'avantage serait pour nos rivaux, et tout le dommage pour nous.

Aussi, Messieurs, soyez assurés que nous continuerons à veiller, avec le plus grand soin, sur les intérêts fondamentaux de notre travail national, agricole ou industriel, avec cette pensée que notre premier devoir, à cette heure, c'est de le défendre énergiquement contre les concurrences du dehors qui pourraient l'écraser. (*Assentiment général.*)

Sans doute, dans un pays vaste et riche comme la France, où les formes de l'activité, de la production sont si variées, il y a des intérêts contraires qui se heurtent, qui se combattent. De là vient qu'au Parlement les députés qui sont les représentants qualifiés de ces intérêts mêmes, ne sont pas, ne peuvent pas être tous d'accord. Mais l'ensemble des Pouvoirs publics, le Gouvernement et les Chambres ont précisément pour mission de dégager, à un moment donné, la moyenne des besoins généraux et il leur appartient de faire prévaloir, en somme, la majorité des intérêts, lorsqu'il est impossible comme dans cette question de Protection et de Libre-échange, de donner égale satisfaction à tout le monde.

A ce point de vue, d'importants résultats ont déjà été obtenus. Les plaintes répétées de l'agriculture ont trouvé de l'écho dans les Assemblées. On lui a donné l'aide et le secours dont elle avait si besoin, en courant au plus pressé, en la protégeant contre l'invasion excessive des produits étrangers qui menaçait de la précipiter dans un irréparable désastre.

Mais il reste encore beaucoup à faire, et pour arriver à doter ce pays d'un ensemble de lois, d'institutions qui nous permettent de placer l'agriculture et l'industrie françaises au rang qu'elles doivent occuper, de les armer contre nos ennemis ou nos rivaux de façon à ce qu'elles sortent victorieuses de la lutte, nous avons besoin, avant tout, de calme, de tranquillité, de cet esprit de suite dans les affaires qui ne peut porter tous ses fruits utiles qu'à la condition qu'on soit sûr du lendemain. Pour cela, il nous faut une stabilité gouvernementale, ministérielle que nous avons bien de la peine à saisir. Nous en avons besoin pourtant pour notre politique intérieure et extérieure, pour la bonne gestion de la chose publique. Le pays tout entier, j'entends le pays honnête et laborieux, la réclame avec passion et c'est à obtenir ce premier instrument nécessaire de toute réforme pratique, que nous devons nous appliquer loyalement et fermement. (*Applaudissements répétés.*)

Au moment où je vous parle de donner au gouvernement de la République cette stabilité ministérielle qui seule peut lui permettre de garantir efficacement les intérêts supérieurs du pays, quelques-uns d'entre vous se demandent, sans doute, comment une fraction si considérable de l'Union des gauches a pu se résoudre à provoquer récemment une crise qui pouvait avoir et qui a eu ses difficultés et ses périls.

Messieurs, c'est là un point de l'histoire parlementaire sur lequel il est nécessaire de s'expliquer en toute franchise devant le corps électoral. Il ne faut pas se lasser de faire la lumière sur cette question; et, puisque l'occasion m'en est offerte, je suis heureux d'en profiter pour vous exprimer mon sentiment. (*Mouvement d'attention.*)

Oui, au mois de mai dernier nous avons

renversé le ministère Goblet. — Pourquoi? —
Pour deux raisons principales :

La première, c'est que nous nous trouvions
en face d'un cabinet qui ne pouvait plus, ou
ne voulait plus, ou ne savait plus faire aucune
économie sur aucun chapitre du budget. Il
nous l'avait annoncé, il nous l'avait déclaré
formellement et nous mettait ainsi le marché
à la main. Nous pensions au contraire, avec la
Commission du budget, que dans la situation
difficile où se trouvait le pays, il fallait avant
tout s'efforcer de faire encore des économies.

Nous avions raison. Car le ministère
Rouvier est parvenu à présenter un budget
en équilibre réel avec 129 millions de dimi-
nution de dépenses sur les propositions qui
nous avaient été faites par M. Dauphin.
(Très bien! Très bien!)

M. Adam, d'Essey-Maizerais, s'écrie: Mais
il n'est pas voté.

M. Cordier. — En effet, ce budget n'est
pas voté, mais cela dépend de la Chambre et la députation de Meurthe-et-Moselle
est résolue à suivre le cabinet dans la
voie d'économie qu'il a tracée. (*Approbation
générale.*)

La seconde raison qui nous a engagés à
prendre une résolution décisive, c'est que nous
avions le sentiment très-vif qu'il existait dans
le ministère une personnalité exubérante, dé-
bordante, dont l'attitude de plus en plus incor-
recte, à tous les points de vue, faussait cha-

que jour davantage tous les ressorts du gouvernement parlementaire.

Nous voulions la paix parce qu'elle est dans le vœu et dans l'intérêt de ce pays, la paix avec honneur sans doute, avec dignité, avec la fierté calme d'un peuple qui, après dix-sept années de labeurs assidus, a la conscience de sa force. (*Applaudissements. — Quelques cris de : Vive Boulanger ! se font entendre et cessent aussitôt, devant l'attitude sévère de l'assemblée.*)

Et pourtant, nous avions la vague inquiétude d'être entraînés, un jour ou l'autre, malgré nous, en dehors des voies de la prudence et de la raison par je ne sais quels emportements, quels coups de tête, quelles surprises, qui pouvaient tromper notre vigilance et forcer notre volonté.

Messieurs, c'est un principe fondamental dans une démocratie libre et qui prétend, à juste titre, rester toujours maîtresse d'elle-même, que le pouvoir Exécutif doit rester, dans une large mesure, subordonné au pouvoir Législatif. Eh bien, nous sentions que cette subordination nécessaire n'existait plus dans la mesure suffisante.

L'autorité légale du Parlement était attaquée, méconnue, dans une foule de journaux, de brochures, de pamphlets. La personne même du Président de la République était outragée et bafouée dans des écrits répandus à profusion sur tous les points du territoire.

Des images séditieuses étaient partout distribuées.

On demandait un sauveur, on l'appelait, on
e nommait bien haut ! Et nous sentions souf-
ler sur ce noble pays de France, un mauvais
vent de dictature qui rappelait les plus tristes
ours de notre histoire.

Nous avons voulu couper court au danger
et voilà pourquoi nous avons remis chaque
chose à sa place et chaque homme à son rang,
en faisant disparaître un cabinet qui ne pouvait plus mériter notre confiance. (*Plusieurs
voix : Très bien.*)

En agissant ainsi, nous avons eu la pleine
conscience de remplir notre devoir de patriotes
éclairés, prévoyants, de républicains loyaux.
Et il nous a bien fallu un certain courage pour
accomplir cette besogne. Nous avons dû nous
séparer, un instant seulement, il est vrai, de
quelques-uns de nos meilleurs amis, républi
cains éprouvés, d'esprit ferme et de bon con
seil, qui pensaient absolument comme nous
sur la politique intérieure et extérieure du
pays, qui étaient prêts, comme nous, à barrer
le chemin à la dictature, mais qui redoutaient,
en toute sincérité, une crise ministérielle à ce
moment, comme un moyen extrême capable
d'affecter douloureusement le sentiment de la
France et les intérêts de la République.

Car il faut bien le dire, à cette heure-là, une
grande partie de l'opinion publique avait été
égarée, savamment trompée par les plus auda-
cieuses réclames. Elle ne voyait pas, elle ne
pouvait pas voir tout ce que nous voyions !
Elle commençait à respirer l'air du Césarisme,

comme on respire parfois un air mortel, san
s'en douter. (*Mouvements divers.*)

Ah! je sais bien que tout le monde n'est pa
de cet avis! Tous les engouements n'ont pa
encore disparu. Mais, il nous appartient, à nou
que vous avez investis de votre confiance, d
vous dire la vérité, telle que nous la sentons
telle que nous la connaissons, dussions-nou
même vous déplaire. C'est notre devoir et nou
saurons l'accomplir, entendez-le bien, au ris
que de notre popularité! Car la popularité
cette chose variable, éphémère, pèse peu a
regard de l'honnête homme, quand il la me
en balance avec sa conscience, avec sa loyauté
(*Applaudissements répétés.*)

Depuis, ah! depuis, on a appris bien de
choses que l'on ignorait alors; bien des révé
lations ont ouvert les yeux au pays. L'opinio
s'est ressaisie elle-même; elle revient chaqu
jour davantage de son enthousiasme irréfléchi
Elle comprend le danger de ces popularité
malsaines qui naissent dans un jour d'affole
ment, qui sont injustifiées et injustifiables
qui s'effondrent plus tard dans une catastro
phe nationale quand on les a laissées grandir
et ne restent dans le souvenir d'un peuple qu
comme le plus cruel des remords.

On l'a dit avec raison : un peuple qui veu
être libre doit, avant tout, mériter la liberté
s'en rendre digne par un constant effort su
soi-même pour dominer ses passions, ses er
traînements. Il doit se guérir de l'amour de
idoles, du fétichisme des individus. Il doit sen
tir enfin que, malgré ses imperfections, se

ifficultés, le gouvernement parlementaire,
ndé sur le respect et l'autorité des pouvoirs
brement élus, doit toujours être préféré à
'importe quelle dictature, royale ou militaire,
ar ce gouvernement est la meilleure sauve-
arde de ses droits et de son indépendance.
Très bien! très bien! Applaudissements.)
Et maintenant, Messieurs, que vous dirai-
 du nouveau ministère? — Est-il grand
esoin de le défendre contre les accusations
idicules, les attaques perfides dont il est l'ob-
t de la part des intransigeants et des radi-
aux? — On lui reproche et on nous reproche
 nous, qui le soutenons, d'avoir conclu je ne
ais quel pacte abominable avec les Droites et
e trahir ainsi la République. Et ceux qui nous
ccusent sont les mêmes gens qu'on a vus,
epuis dix années, s'unir constamment avec la
éaction pour renverser tous les ministères
épublicains! Ceux qui nous accusent sont les
êmes qui, en 1885, parcouraient fiévreuse-
ent la France du nord au midi et de l'est à
ouest, répandant à plein gosier l'outrage,
'injure, la calomnie sur les républicains les
lus honnêtes, les plus courageux, et qui
vaient, de longue date, donné les preuves les
lus éclatantes de leur dévouement à la démo-
ratie. Ceux qui nous accusent enfin, ce sont
es violents, les sectaires qui, à toutes les
poques de notre histoire, ont compromis la
iberté par leurs excès et qui compromettent
epuis trop longtemps notre République par
es divisions, les rancunes et les haines qu'ils y
èment à pleines mains! (*C'est vrai, très bien.*)

Vous le savez bien, Messieurs, et c'est pourquoi de prime abord, vous trouvez déjà les accusations de ce monde-là fort suspectes. — C'est pourquoi vous comprenez qu'elles sont fausses et mensongères dès que vous remarquez que M. Rouvier et ses collègues ne font pas autre chose qu'appliquer le programme d'affaires qui avait été développé dans le rapport de M. Pelletan dont les conclusions, adoptées par la Chambre, amenèrent l'ordredu jour qui entraîna la chute du ministère Goblet.

Mais, dit-on, la Droite vote pour le ministère, donc elle le protège, donc il y a un pacte.

C'est là, Messieurs, un sophisme dont votre bon sens a déjà fait justice. La conduite de la Droite s'explique à merveille sans qu'il soit besoin d'inventer je ne sais quelle machination ténébreuse de la part de républicains éprouvés dont personne n'a le droit de soupçonner la probité politique.

Pendant deux ans, la Droite avait conservé dans le Parlement une attitude révolutionnaire. Elle s'est aperçue qu'elle ne gagnait rien à ce jeu devant ses électeurs qui ne l'avaient nommée ni pour démolir la République ni pour faire alliance avec les intransigeants. Elle a vu qu'à chaque élection partielle elle perdait une partie du terrain qu'elle avait conquis par surprise en 1885 ; et elle a changé de tactique simplement, dans un intérêt électoral qu'elle ne se donne même point la peine de déguiser. Car, tandis que les journaux monarchistes recommandent à la Droite de se montrer conservatrice et sage dans le Parlement, ils poursuivent devant les électeurs la même campagne d'hostilité systématique contre les institutions du pays.

Oui, pendant les deux mois qui ont précédé les vacances, la Droite a cessé de voter avec l'Extrême-Gauche. Et l'Extrême-Gauche s'en plaint. Je le conçois, car tant que les choses dureront ainsi, elle restera isolée et impuissante. Mais il ne dépend ni de nous, ni du ministère, ni de personne, d'empêcher la Droite de voter comme il lui convient. Ce qui dépend de nous, ce que nous devons faire et ce que nous nous efforçons de faire, d'accord avec le cabinet, c'est une politique d'affaires, de pacification, d'économies, de bonnes finances, sans nous inquiéter de ce qu'en pensent au fond, la Droite ou l'Extrême-Gauche. (*Assentiment général.*)

Ah ! certes, nous n'avons pas la naïveté de croire que les actes de la Droite lui soient dictés par un amour subit de la République qui lui serait poussé au cœur. Non ; elle n'est ni convertie, ni repentie. Elle ne désarme qu'en apparence. Nous ne sommes pas ses dupes. Nous savons très-bien qu'il n'y a rien à espérer de l'état-major actuel de l'Orléanisme ou de l'Empire. Et c'est pour cela que nous n'avons avec lui ni alliance ni compromission. Le ministère, lui aussi, a répudié non seulement par ses paroles, mais par ses actes, les accusations dirigées contre ses intentions. Mais si, d'une part, on nous calomnie lorsqu'on nous accuse d'alliance avec les Droites, d'autre part on se moque de nous lorsqu'on nous convie à une soi-disant concentration républicaine qui, dans l'esprit de ceux qui nous y invitent, ne devrait avoir d'autre conséquence, d'autre résultat que la capitulation pure et simple des républicains pratiques, sensés et clairvoyants, devant ceux qui ne le sont pas.

Pour moi, Messieurs, je n'hésite pas à le dire, une telle capitulation serait aussi fatale pour la République qu'une alliance des modérés avec les Droites. Et pour ma part je ne veux ni de l'une ni de l'autre. (*Très bien! très bien!*)

En fait de concentration, il n'en est qu'une possible et efficace : c'est celle dont M. Pelletan nous avait emprunté la formule dans son rapport, et que nous avons toujours offerte à toutes les fractions du parti républicain. C'est la concentration sur le terrain des affaires, de l'équilibre du budget, des économies, de la bonne administration des finances ; c'est la concentration ayant pour objet l'apaisement de nos discordes par la substitution d'une politique que j'appellerai nationale, à cette misérable politique de rancunes ou de convoitises personnelles dont l'immense majorité du pays, je le crois sincèrement, est profondément dégoûté. (*Applaudissements prolongés.*)

Cette concentration-là j'en suis un chaud partisan, mais je n'en connais pas d'autre et en dehors d'elle je n'aperçois qu'illusions et chimères !

Les républicains d'ordre, de gouvernement, ont eu, depuis dix-sept ans, une tâche assez belle dans ce pays. C'est par eux que se sont accomplis tous les progrès véritables et durables. Il n'est pas une réforme utile dont ils n'aient eu l'initiative. (*C'est vrai!*)

Aussi, doivent-ils, à mon sens, demeurer inébranlables dans la voie qu'ils se sont tracée ; plus inébranlables encore dans l'avenir que dans le passé. Qu'ils se montrent en toute occasion, au pays, tels qu'ils sont, sans jactance mais sans faiblesse ! Il leur suffira de défendre et de pratiquer toujours une politique républicaine, sage, modérée, intelligemment progressive, ennemie des violences, dégagée de tout esprit de secte, pour ramener peu à peu à la République toute cette partie du suffrage universel qui avait paru s'en éloigner un instant en 1885. Voilà notre conviction.

Mais, si nous nous trompons sur le vœu de l'opinion publique, si le pays ne veut pas de cette politique, s'il préfère la politique radicale, il le dira aux prochaines élections, et alors il choisira d'autres mandataires, car nous ne pourrions nous associer à une œuvre que nous considérons comme la ruine de la République. Il appliquera pleinement la méthode intransigeante, il en goûtera tous les fruits ; il les trouvera amers et reviendra bientôt à la raison et au bon sens.

Si au contraire, comme nous le croyons, le suffrage universel se prononce pour la politique que je viens d'esquisser en quelques traits, il enverra dans la prochaine Chambre une puissante majorité, d'esprit gouvernemental et utilement réformateur.

Que deviendra alors, Messieurs, l'état-major

des forces réactionnaires quand il n'aura plu
que quelques rares soldats à ses ordres ? I
disparaîtra de la scène politique comme dispa
raît une plante sans racines et sans vigueur
Le redoutable problème de la forme du gou
vernement sera enfin résolu dans ce pays
après un siècle de luttes et d'efforts. Nou
ne verrons plus que des républicains animé
du désir patriotique de rendre à la Franc
toute sa force, son autorité et sa grandeur.
y aura bien encore dans le nombre, car c'es
une des nécessités inévitables de l'humain
nature, des plus sages et des plus fous. Nou
tâcherons de demeurer parmi les plus sages
vous nous y aiderez, mes chers concitoyens
par votre exemple et par vos conseils. (*Salv*
d'applaudissements.)

Et pour consacrer ce vœu, permettez-moi d
porter deux toasts, dont l'un, agricole, m'es
inspiré naturellement par cette belle fête : —
Je bois au relèvement de notre agricultur
nationale, à la prospérité de votre magnifiqu
vignoble de Thiaucourt !

Je bois aussi à l'union loyale de tous les bor
citoyens pour la défense de la Républiqu
contre les violents et les sectaires de tous le
partis ! (*Applaudissements unanimes et pro*
longés.)

Nancy, imprimerie Paul Sordoillet.